Learn to Draw Animals N Birds : Pencil Drawings Step by Step

Pencil Drawing Ideas for Absolute Beginners

By GP Edu

Published By:

GP Edu

© Copyright 2015 – GP Edu

ISBN-13: 978-1507706084
ISBN-10: 1507706081

Table of Contents

How To Draw Cat

Step :1

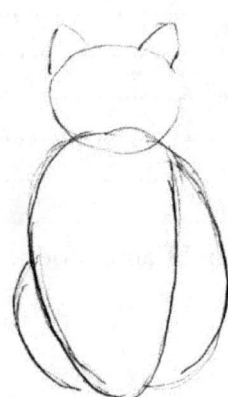

Step :2

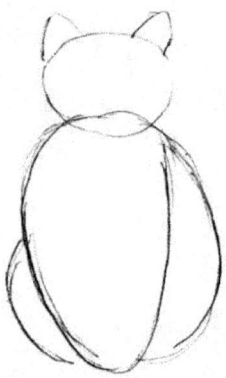

Step :3

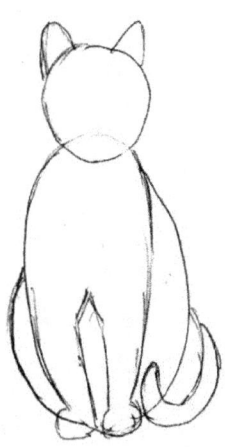

Step :4

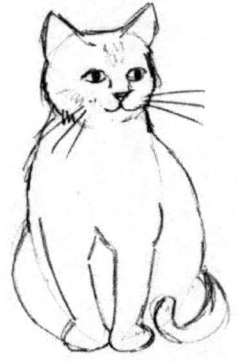

How To Draw Bear

Step :1

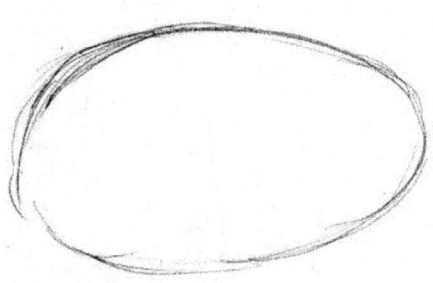

Step :2

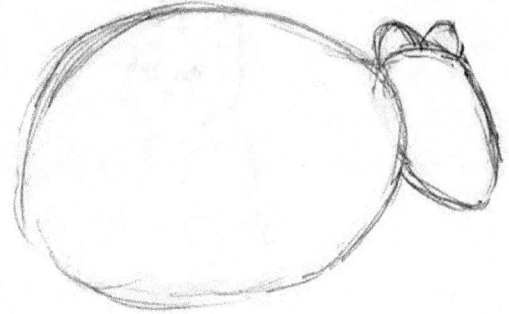

Step :3

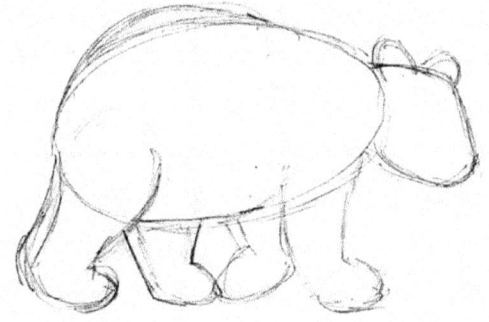

Step :4

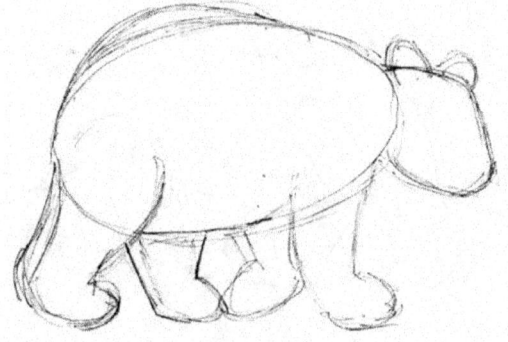

Step :5

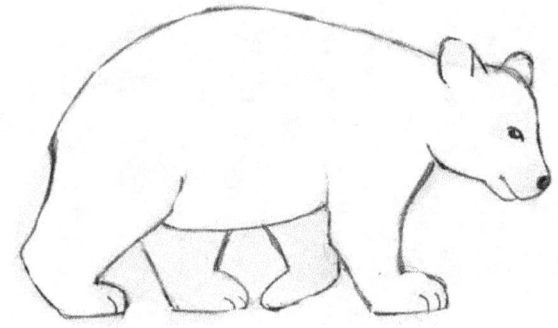

Step :6

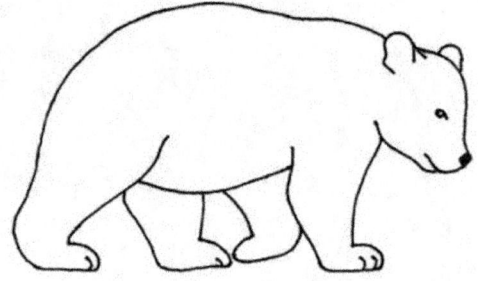

How To Draw Chickadee

Step :1

Step :2

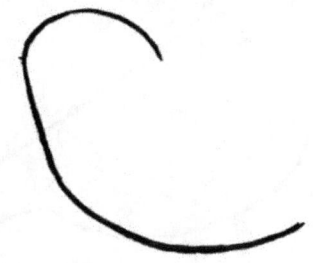

Step :3

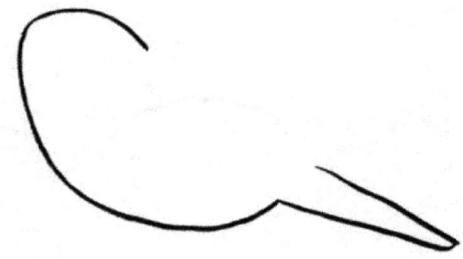

Step :4

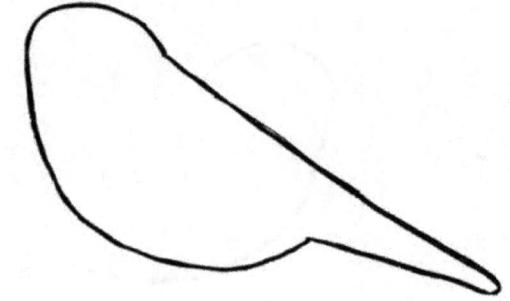

Step :5

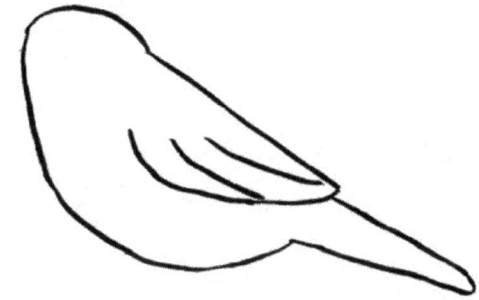

Step :6

How To Draw Dog

Step :1

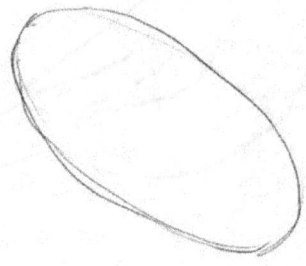

Step :2

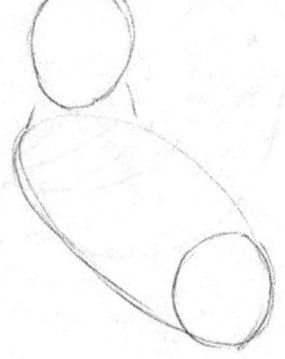

Step :3

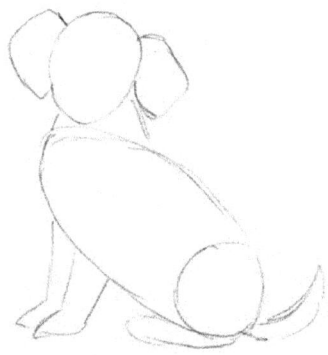

Step :4

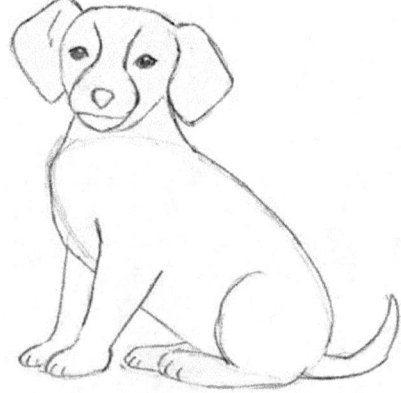

How To Draw Eagle

Step :1

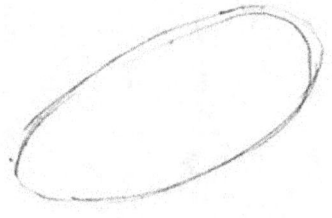

Step :2

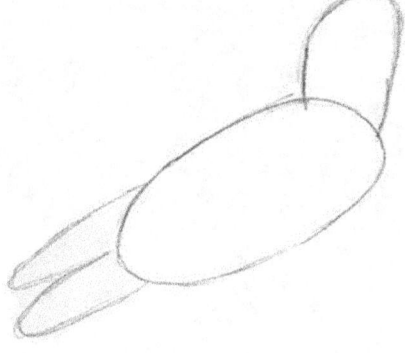

Step :3

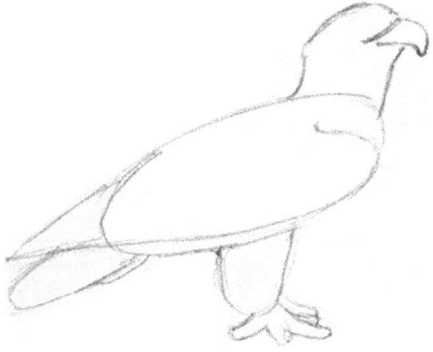

Step :4

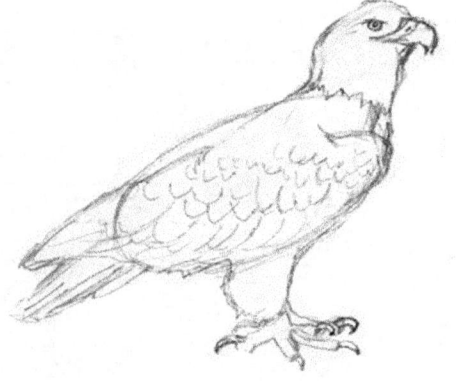

How To Draw Horse

Step :1

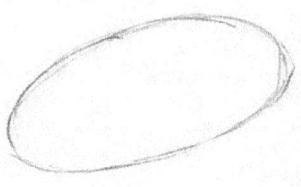

Step :2

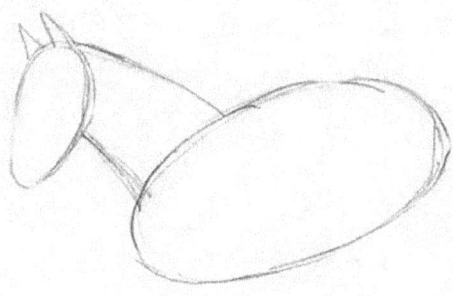

Step :3

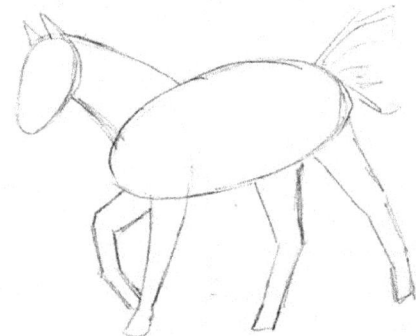

Step :4

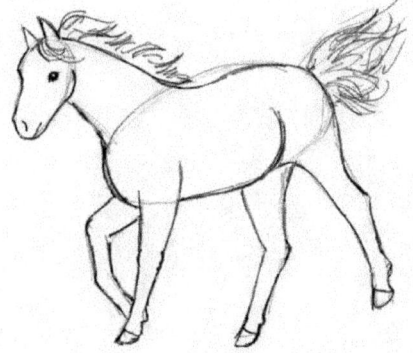

How To Draw Squirrel

Step :1

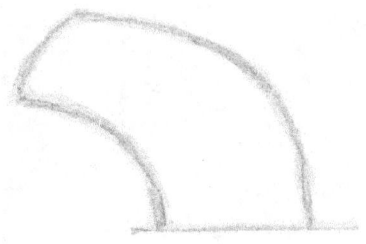

Step :2

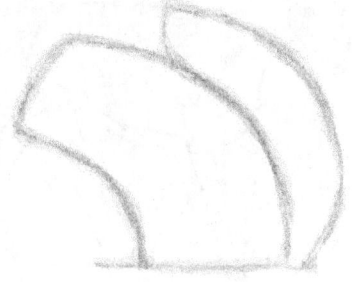

Step :3

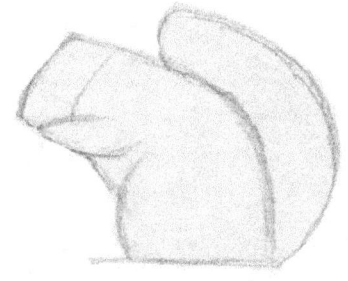

Step :4

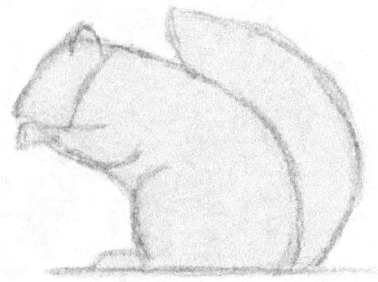

Step :5

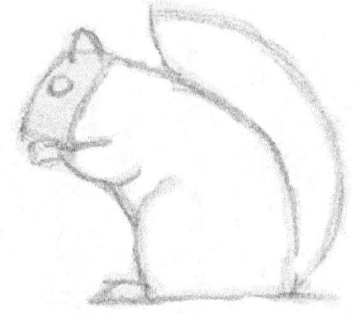

Step :6

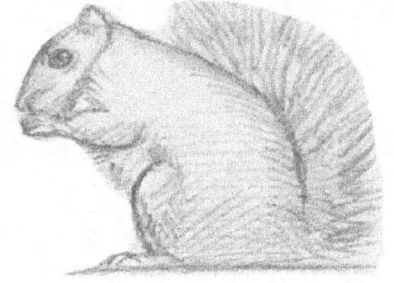

How To Draw Turkey

Step :1

Step :2

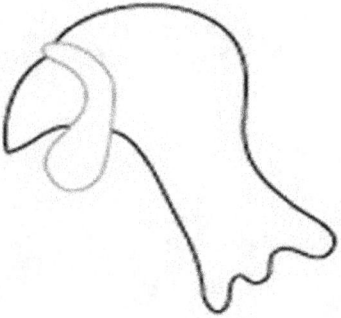

Step :3

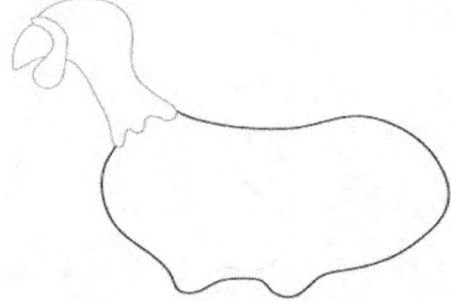

Step :4

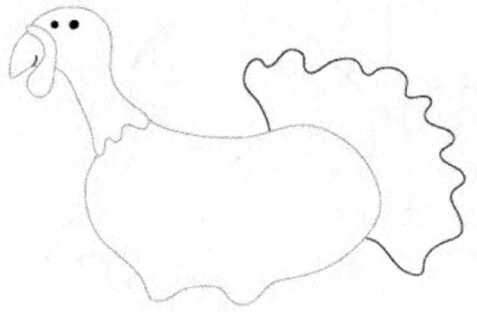

Step :5

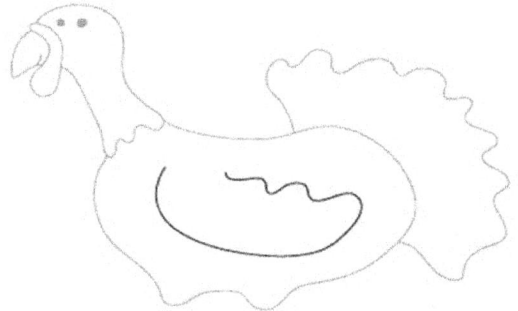

Step :6

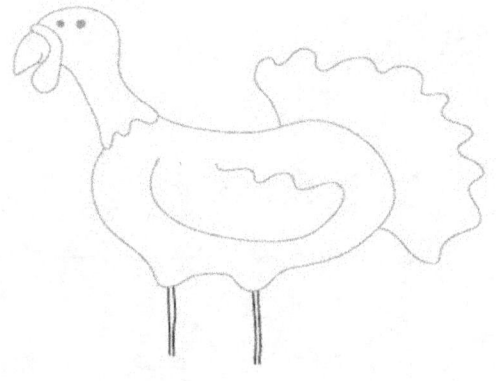

Step :7

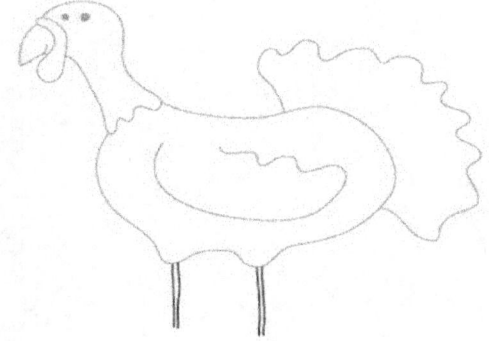

Step :8

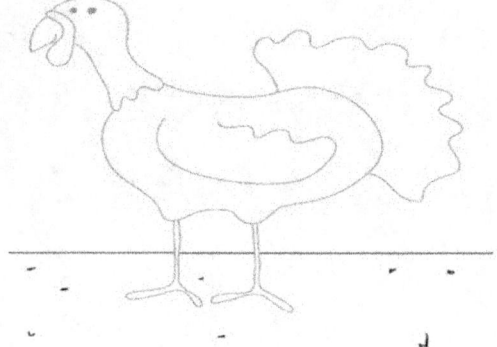

How To Draw Wolf

Step :1

Step :2

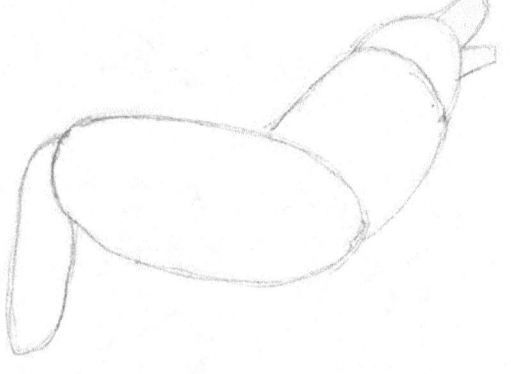

Step :3

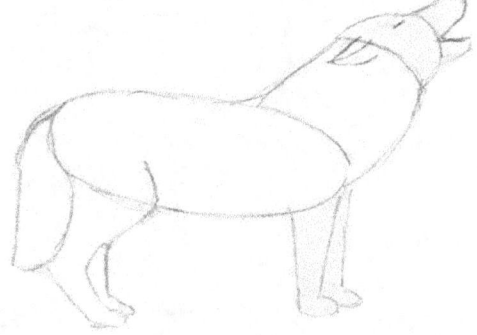

Step :4

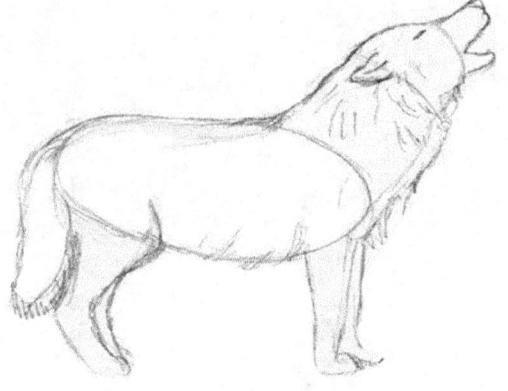

How To Draw Squirrel Eating Food

Step :1

Step :2

Step :3

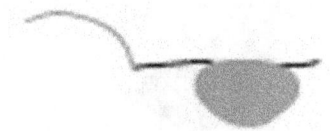

Step :4

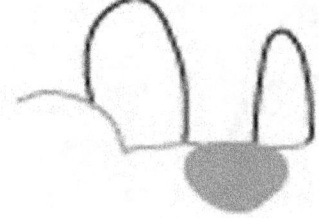

Step :5

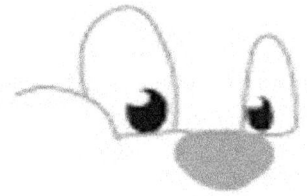

Step :6

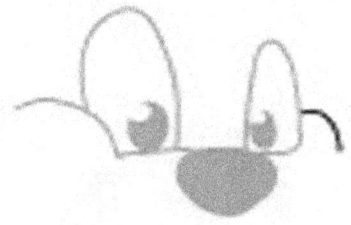

Step :7

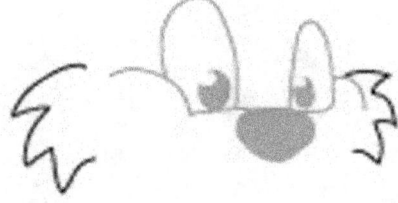

Step :8

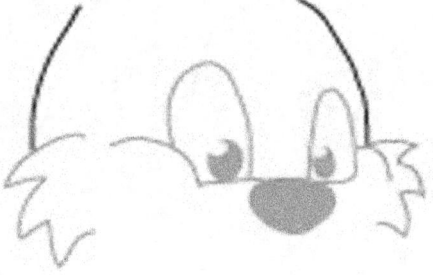

Step :9

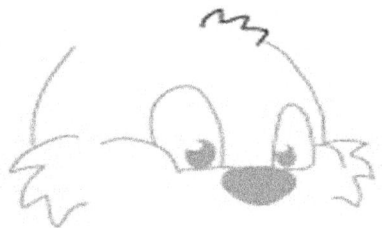

Step :10

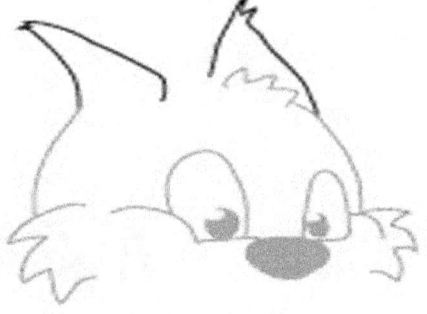

Step :11

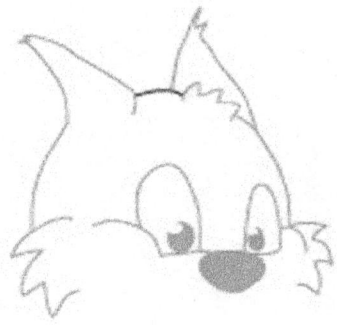

Step :12

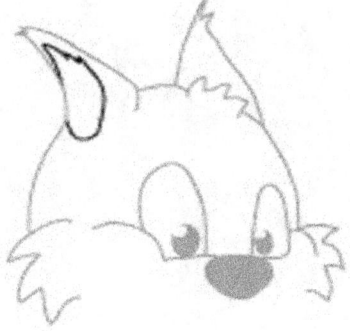

Step :13

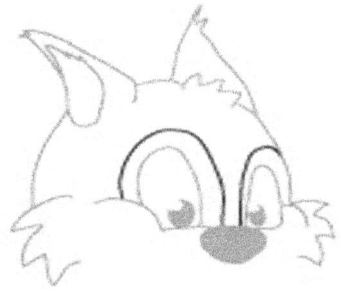

Step :14

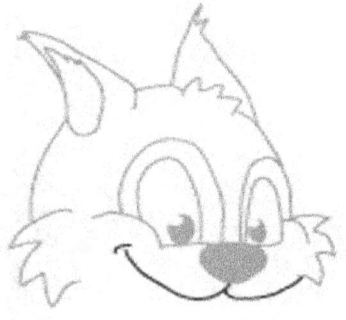

Step :15

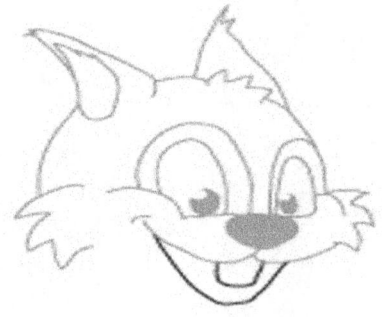

Step :16

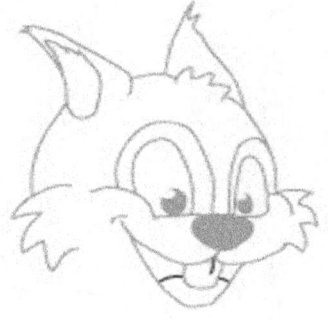

Step :17

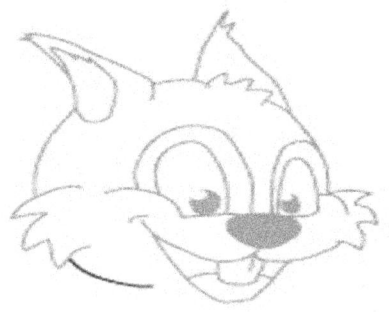

Step :18

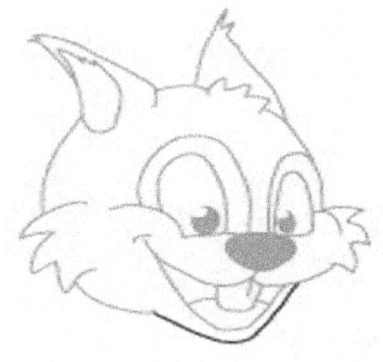

Step :19

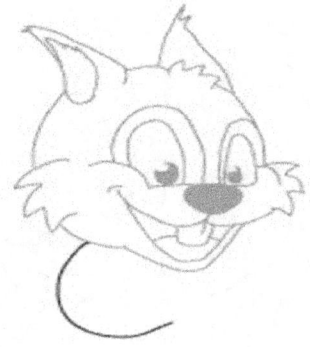

Step :20

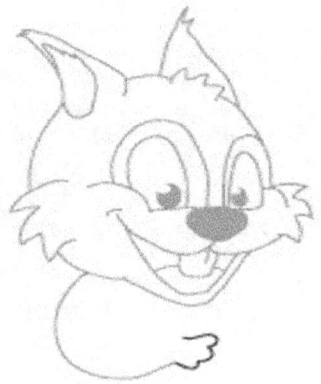

Step :21

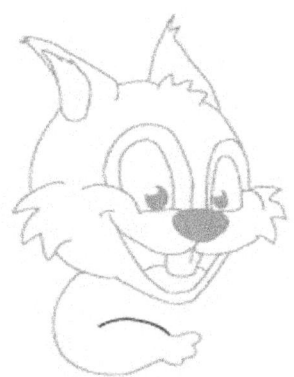

Step :22

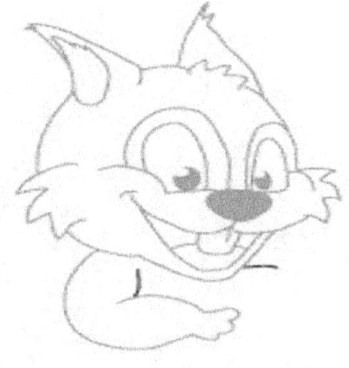

Step :23

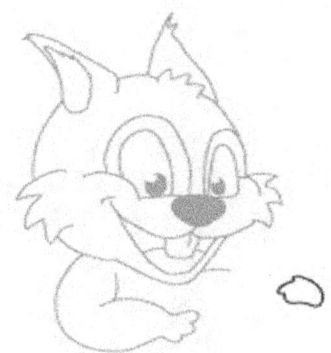

Step :24

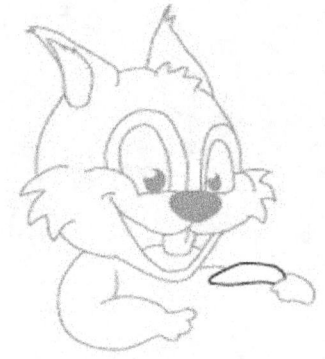

Step :25

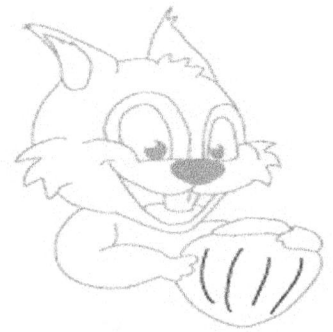

Step :26

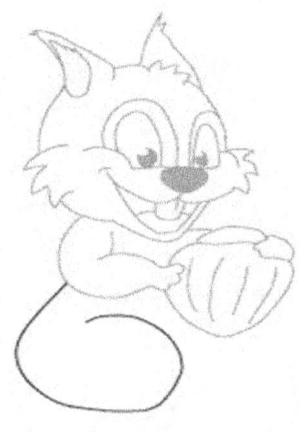

Step :27

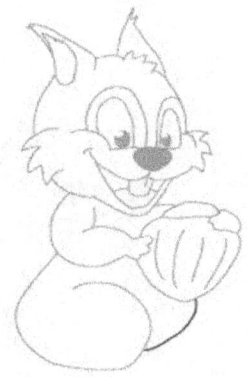

Step :28

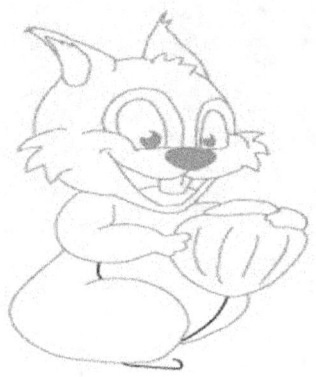

Step :29

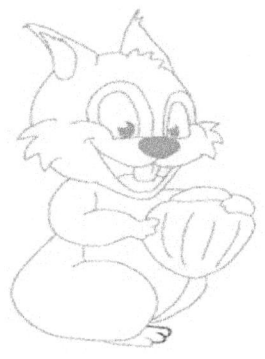

Step :30

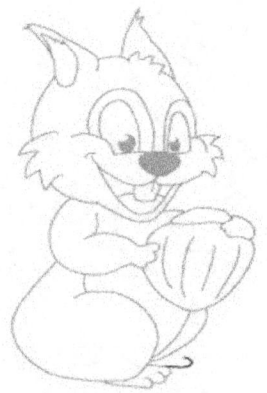

Step :31

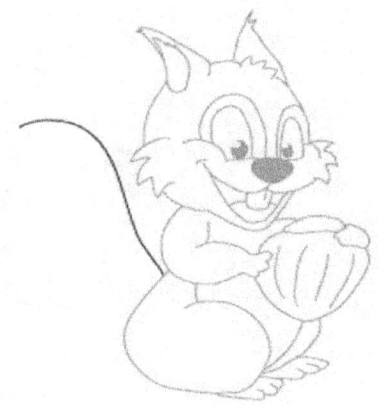

Step :32

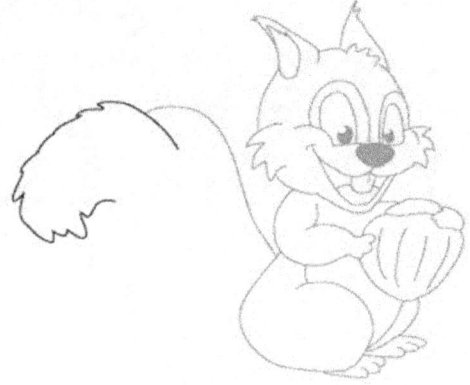

Step :33

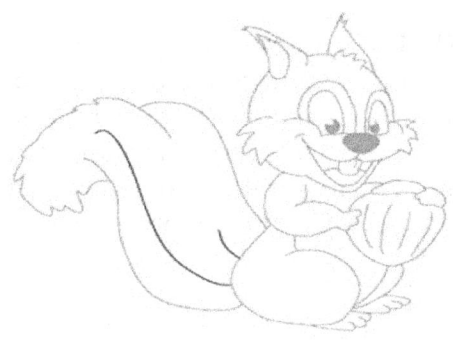

Step :34

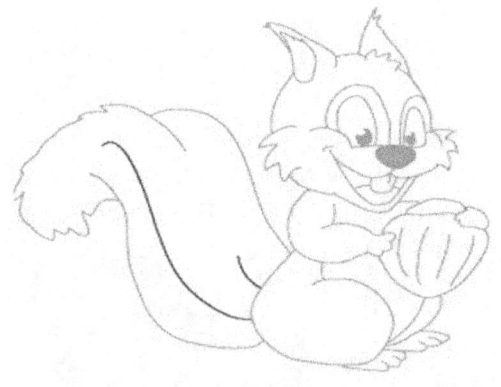

www.ingramcontent.com/pod-product-compliance
Lightning Source LLC
Chambersburg PA
CBHW071012180526
45168CB00003B/1387